# ¿Estás listo para iniciar esta aventura?

Para que todos los niños conozcan la importancia de Valle Nuevo y aprendan a conservar el medio ambiente.


Teacher María Teresa Pérez


Editorial Teacher María Teresa Pérez
Escrito por Teacher María Teresa Pérez, 2019.
Ilustrado por Adrian Santana.
Revisado por el Ministerio de Turismo de la República Dominicana.
Revisado por el Ministerio de Medio Ambiente y Recursos Naturales de la República Dominicana.
ISBN: 978-9945-9228-3-7

# ERNESTO VISITA
# Valle Nuevo

Teacher
María Teresa Pérez

Ernesto había nacido en la isla de La Española, específicamente en la República Dominicana.

Le encantaba conocer, cuidar el medio ambiente y ayudar a las comunidades de su país.

Esta vez Ernesto quería ir a un lugar donde hiciera mucho frío o cayera nieve. ¿Pero, dónde podía ser ese lugar?

Cada noche antes de dormir se imaginaba en ese grandioso lugar con toda su familia.

Hasta que un día, le comentó a sus padres que quería conocer un lugar de su país donde hiciera mucho frío y donde pudiera ver aunque sea un poco de nieve.

Ernesto también quería ayudar a niños que necesitarán ropa y comida. Así que pensó hacerlo cuando fuera a su próximo viaje.

Ernesto decidió llamar a sus amigos mágicos, quienes eran Sofía y Fabriccio. Sofía hacía volar las cosas y Fabriccio construía todo lo que se imaginaba.

—¡Holaaa Ernesto! ¡Sabemos que quieres ir a un lugar donde haga mucho frío! ¡Esta vez iremos a Valle Nuevo!-exclamaron Sofía y Fabriccio.

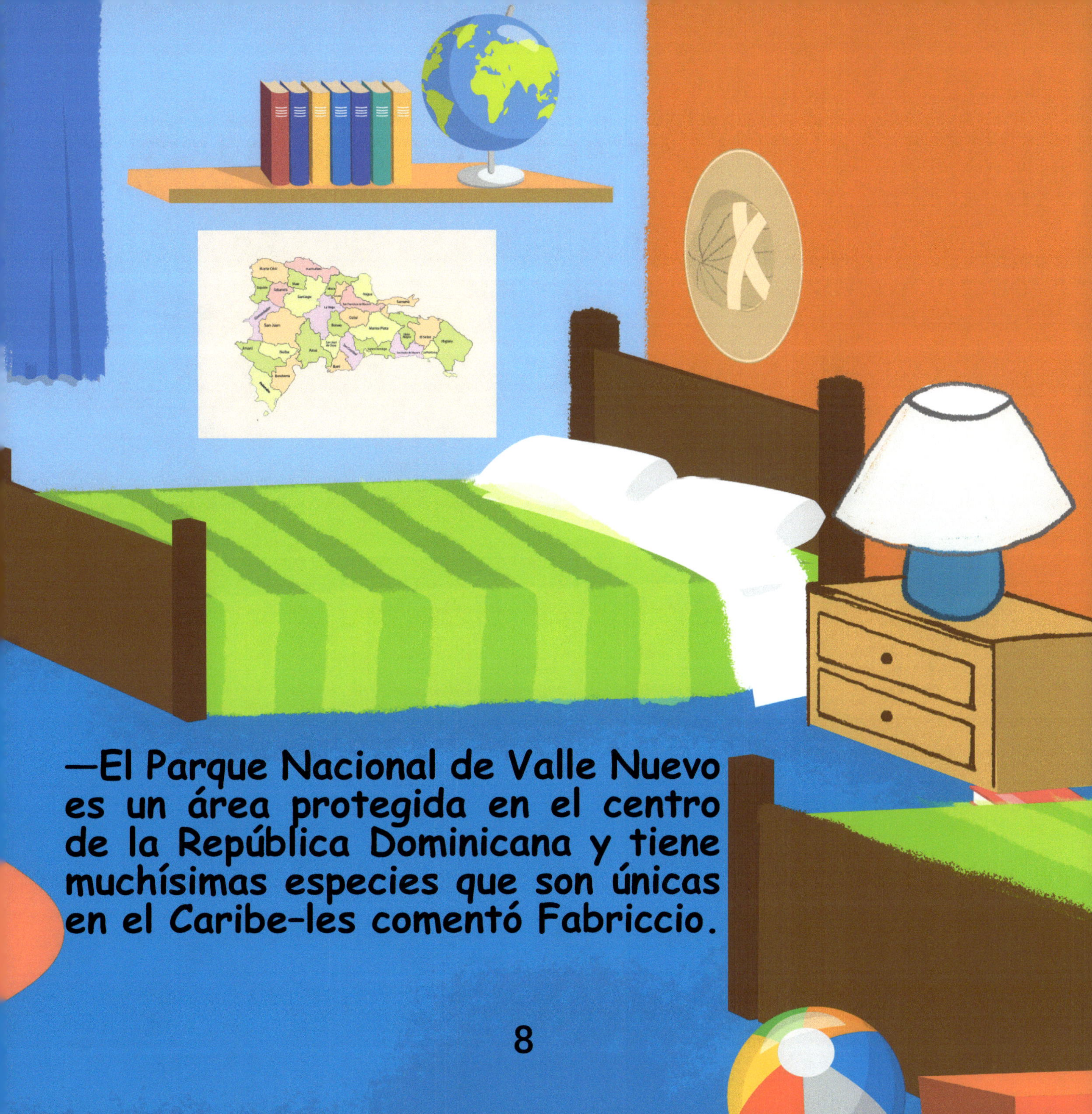

—El Parque Nacional de Valle Nuevo
es un área protegida en el centro
de la República Dominicana y tiene
muchísimas especies que son únicas
en el Caribe-les comentó Fabriccio.

—Hace muuchoo tiempo, el centro de la República Dominicana estaba cubierto de hielo, ese hielo se derritió y se formó Valle Nuevo-le comentó su madre quien los escuchaba en silencio.

—¡Iremos en un globo mágico y llegaremos por el municipio de Constanza!-dijo Fabriccio muy emocionado.

¡Qué hermoso paisaje!

Repletos de alegría partieron hacia Valle Nuevo.

—¡Wao! ¡Mira todas esas montañas! Tenemos mucho oxígeno con todos estos árboles-repetían todos una y otra vez.

—Cuando el agua cae en las hojas de estos árboles, gota a gota, se forman los ríos de nuestro país-comentó Francisco.

Mientras se acercaban veían hermosos paisajes llenos de ríos, montañas y árboles.

De camino pudieron observar algunas montañas que no tenían árboles.

—¡Que pena que le quitaran los árboles de esa forma a la montaña! Si no hay árboles no podremos respirar y nuestro planeta morirá–dijo Francisco el hermanito de Ernesto.

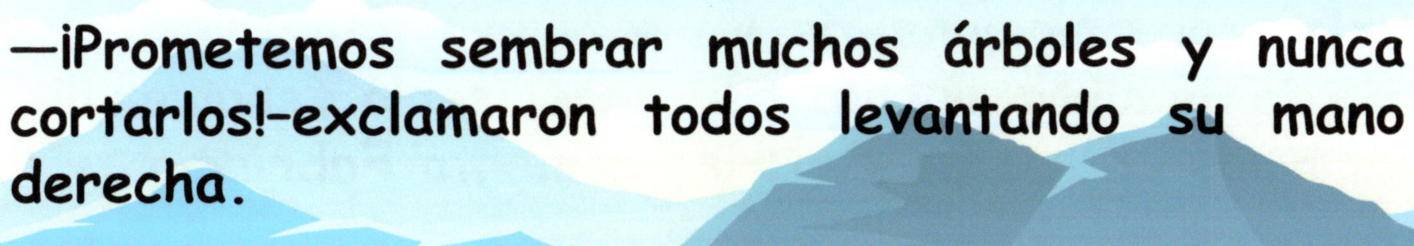

—¡Prometemos sembrar muchos árboles y nunca cortarlos!-exclamaron todos levantando su mano derecha.

¡Cuánta deforestación!

¡Debemos cuidar nuestros árboles!

—El Parque Nacional de Valle Nuevo tiene ríos
que dan agua a muchas personas, sería fenomenal
bañarnos en uno de esos-les comentó Fabriccio.

—¡Ese es el Salto de Aguas Blancas! !Es muy hermoso y
es una de las cascadas más altas del Caribe!-exclamó
Sofía.

—Vamos a aterrizar en un lugar llamado el Alto de la Bandera. ¡Este es el cuarto pico más alto de la isla de La Española-les comentó Sofía.

—A este lugar le dicen LA NEVERITA de tanto frío que hace-dijo Mery la hermana de Ernesto.

¡Hace mucho frío!
¡Cuántas aves!
¡Que hermoso paisaje!
17

—¡Increíble! ¡Esto está congelado! ¡Estoy viendo nieve en mi país!-exclamaban todos llenos de emoción.

—¡Holaa! Quiero que sepan que aquí se han encontrado 531 especies de plantas y 138 sólo se encuentran en nuestra isla-les dijo uno de los pobladores de Valle Nuevo.

—¡Debemos cuidar Valle Nuevo! ¡Dentro de él viven muchos animales!-comentaban todos.

—Aquí hay 66 especies de aves, 48 de mariposas, 29 de reptiles y 17 de anfibios. Hay gatos silvestres bien grandotes y conejos por todos lados–les comentó Pinto, un guardaparques de Valle Nuevo.

—¡Hola Pinto! ¡Este lugar es hermoso! ¡Acamparemos aquí!–gritaban todos muy emocionados.

Pero algo pasaba...

Mery la hermana de Ernesto estaba muy preocupada. Durante el viaje pudo ver niños que necesitan ropa y comida. Ella sólo pensaba en ayudarlos.

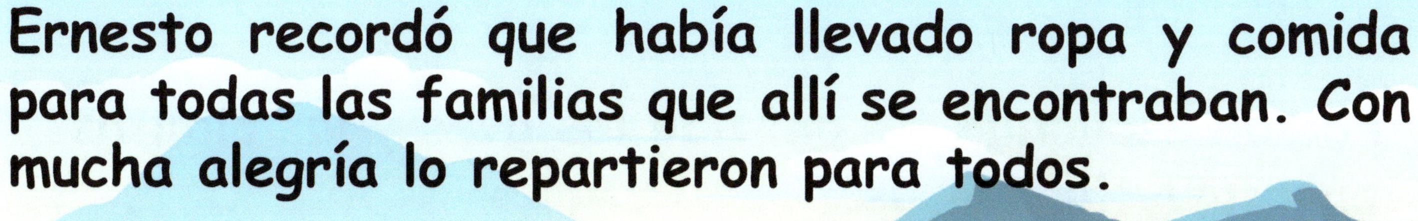

Ernesto recordó que había llevado ropa y comida para todas las familias que allí se encontraban. Con mucha alegría lo repartieron para todos.

—¡Gracias! ¡Gracias!-les decían todos los niños.

Podían escuchar el canto de las aves y las plantas
eran muy hermosas.

Todos estaban felices porque habían conocido el
área protegida del Parque Nacional de Valle Nuevo.

Acamparon una noche y al día siguiente partieron a casa. ¡Estaban más que felices!

¡Nos encanta la naturaleza!

24

¡Fue un viaje fenomenal! Les encantó conocer Valle Nuevo y ver todo congelado en la Neverita. Pero lo que más les gustó, fue ayudar a todas las familias que allí se encontraban.

¡La naturaleza es impresionante!

Y desde ese momento sólo esperaban su próxima aventura.

# COLOREA VALLE NUEVO

# Glosario

**Parque Nacional de Valle Nuevo:** es un área protegida en el centro de la República Dominicana que posee una biodiversidad única en el Caribe.

**Hielo:** Agua congelada, es decir, en estado sólido , uno de los tres estados naturales del agua.

**Especies:** Conjunto de organismos o poblaciones naturales.

**Plantas:** Las plantas son seres vivos que producen su propio alimento mediante el proceso de la fotosíntesis.

**Anfibios:** Los anfibios son una clase de vertebrados con respiración branquial durante y pulmonar al alcanzar el estado adulto.

**Reptiles:** Son una clase de animales vertebrados provistos de escamas.

**Endémico:** Que se repite frecuentemente o que está muy localizado en un lugar.

**Acampar:** Acampada, campamento o camping es la actividad humana que consiste en colocar una vivienda temporal, ya sea portátil o improvisada.

# María Teresa Pérez Pagán (Autora)

María Teresa Pérez siempre tuvo gran interés y fascinación por escribir cuentos. Dibujó y contó su primer cuento a los 3 años de edad. Desde pequeña, participó en muchos concursos literarios. Eligió la carrera de educación para crear entes de cambio repletos de oportunidades en la sociedad dominicana. Se graduó en el año 2008 de la Universidad Iberoamericana con el honor de Magna Cum Laude. Es maestra desde hace 22 años. Realizó una maestría en Liderazgo Educativo en Western Michigan University, entre otras maestrías en tecnología docente, diseño de proyectos, educación ambiental y turismo sostenible.

Fundó su empresa en el 2017 llamada Teacher María Teresa Pérez, creando la primera saga de cuentos sobre ecoturismo de República Dominicana y primer programa EcoEducativo y Ecoturístico realizado de esta forma en el país. Todos los cuentos son basados en hechos verídicos e investigación.

Eco Ernesto Visita es un proyecto de triple impacto social que trabaja la educación de calidad, el aporte a las comunidades, turismo sostenible, identidad nacional, cuidado del medio ambiente y la cultura. Hasta el momento ha vendido más de 35 mil cuentos e impactando a más de 120 mil familias dominicanas. Ha sido galardonado con premios nacionales e internacionales.

Todos sus cuentos son inspirados en su padre, el vicealmirante (R) Ernesto Pérez Navarro, en su perro Rocky, y en sus vivencias familiares.

# Mapa de República Dominicana

**Valle Nuevo está a
3 horas y 25 minutos de
Santo Domingo.**

**Encomienda tus obras al Señor, y tus propósitos se afianzarán.**

(Proverbios 16,3)

VISITA VALLE NUEVO
Y COLOCA TU FOTO.

# Cuestionario

¿Cómo se llama la isla donde está la República Dominicana?

¿Cuáles son los dos países de la isla de La Española?

¿Dónde está ubicado Valle Nuevo?

¿Porqué hace frío en La Neverita?

¿Dónde queda el salto de Aguas Blancas?

¿Porqué Valle Nuevo es un área protegida?

¿Cuál es el pico más alto de la isla de La Española?

¿Cuántas especies puedes encontrar en Valle Nuevo?

¿Cuántas especies de plantas se han encontrado en Valle Nuevo?

¿Porqué los árboles son importantes?

www.ingramcontent.com/pod-product-compliance
Lightning Source LLC
Chambersburg PA
CBHW042111110726
48006CB00002B/596